30日のパスタ

相場 正一郎

はじめに

　実家は総菜と弁当の店を営んでいて、1階が店で2階が住まいという環境で育ちました。学校から帰ると店の邪魔にならないように2階へ上がり、夕食の時だけ1階へ下りて、厨房の横で店の弁当を食べるのが僕の日常でした。そんな家だったこともあって、いつしか食に関わる仕事を生業にしたいと考えるようになっていました。

　高校を卒業したら、海外に料理修行に行かせてもらえることになった僕が選んだ場所は、イタリアでした。

　18歳でイタリアに渡ってまず驚いたのは、みんなが本当によくパスタを食べることでした。休みの日、昼食の時間になると隣の家から漂ってくる、オリーブオイルを熱してニンニクを炒める香りが、僕はたまらなく好きでした。その香りを嗅ぐと食欲求に襲われ、それを合図に僕は冷蔵庫にある適当な食材で、できるだけ美味しい、自分のためのパスタを作り始めます。イタリアの乾いた風に乗ってやってくる、空腹を最高に刺激する狂気のようなその香りこそが僕の食欲求の原点で、美味しいパスタを作れるようになったのも、この香りのおかげだと思っています。

　新鮮なオリーブオイルをはじめ、日本では手に入らなかった素材を使って美味しいパスタが簡単に作れたから、それが面白くてどんどんのめり込んでいきました。パスタが毎日の食卓にあることが当たり前になり、修行先のまかないはもちろん、休みの日もパスタを作って食べていました。

　帰国して日本でレストランをオープンしてからも、お昼のまかないはパスタを作ってみんなで食べるので、イタリアにいた頃と変わらず毎日パスタを食べています。家でもパスタが食卓に並ぶことが多く、妻も子どもたちも大好きで、パスタは我が家の食の基本になっています。

　この本では、イタリア修行の頃から今日まで、家でパスタを作り続けている経験に基づいて、家庭の台所、道具、手に入れやすい食材で作れるように考えた30のパスタメニューを紹介しています。どれも20分以内で完成するパスタということを大きな基本としました。忙しい日々の中でも、手間も時間もかけず、僕が店で出しているのと遜色ない味が、誰でも簡単にできます。

　そして、ざっくりとではありますが、30メニューを手軽に作れるものから順に並べてみました。といいつつも、全部簡単で作りやすさに大差はないので、その日に食べたいメニューや冷蔵庫にある食材から選んで、自由に作ってもらえたら嬉しいです。

　日本でもパスタを食べる機会が多くなっているとはいえ、毎日口にする人はほとんどいないと思います。パスタを家で作るというのはまだ特別なことなのかもしれないけれど、いつも食卓に並ぶ普段のものになって欲しいという願いを込めて、本書を『30日のパスタ』と名づけました。パスタは誰でも簡単に美味しく作ることができる、毎日のものなのです。

はじめに　3

パスタを美味しくする道具たち　6

パスタの種類　10

パスタのゆで方のコツ　ソースのあえ方のコツ　12

1　｜　フレッシュトマトとバジルのパスタ　14

2　｜　芽キャベツとブロッコリーのアンチョビパスタ　16

3　｜　エビとフレッシュトマトとバジルのペンネ　18

4　｜　柚子コショウとカブのクリームスパゲッティ　20

5　｜　スモークサーモンとクリームチーズのパスタ　22

6　｜　生マッシュルーム入りアマトリチャーナ・ビアンコ　24

7　｜　ナスのペンネサラダ　26

8　｜　ズッキーニとトリュフオイルのフェットチーネ　28

9　｜　ゆでダコのペペロンチーノ　30

10　｜　バジルペーストのパスタ　32

11　｜　ワタリガニのトマトクリームペンネ　34

12　｜　緑野菜とフェタチーズのリガトーニ　36

13　｜　ツナとアサリのクリームパスタ　38

14　｜　ズワイガニと菜の花のペペロンチーノ　40

15　｜　ベーコンで作るミートソースリガトーニ　42

16　｜　アーティチョークのフェットチーネ　44

17　｜　アスパラガスとクルミとベーコンのパスタ　46

18　｜　オリーブペーストとエビのファルファーレ　48

19　｜　ポルチーニとイカのリングイネ　50

20　｜　自家製ジャガイモのニョッキ　チーズソース　52

21　｜　ツナ入りプッタネスカのペンネ　54

22　｜　エビとズッキーニのカレークリームパスタ　56

23　｜　アサリとシメジとミツバのボンゴレ　58

24　｜　ムール貝とほうれん草のスパゲッティ　60

25　｜　スモーク牡蠣と長ネギのオイルパスタ　62

26　｜　鶏ひき肉とダイコンのミートソースリガトーニ　64

27　｜　カジキマグロとナスのペンネパスタ　66

28　｜　カラスミとバジルのパスタ　68

29　｜　ブロッコリーとアンチョビのトロッフィエ　70

30　｜　イワシのパスタ　シチリア風　72

那須の暮らし　74

イチゴとフェタチーズのサラダ　オレンジソース　76

手ごねパンとグリルパン焼き野菜　77

ナスとミートソースのグラタン　78

パスタ・ニューディ　79

パスタを美味しくする道具たち

調理器具を試す機会は多いのですが、正直にいってしまうと、どれも大きな違いはありません。違いを知りたがるし品質の差をつけたがるけれど、自分の思い入れだけで選んでいいと思います。ずっと使いたいと思える道具に出会うのは、とても幸せなことです。僕が道具に求めるのは、好みの見た目とそれ以上の使いやすさ。特に鍋やフライパンは頻繁に買い替えるものではないから、よく作る料理を熟慮しながら慎重に選びます。ここで紹介するのは家庭で手軽に美味しいパスタを作るため、という視点で選んだ道具で、僕が家で使っているものです。家にあるもので十分だけれど、これらの道具があればパスタ作りがもっと簡単で楽しくなります。新しい道具を迎える時の参考にしてください。

柳宗理　パスタパン
家でパスタをゆでるのにちょうどいい大きさです。パスタがひっかからず、するりと鍋から引きあげられるところも気に入っています。

ペティナイフと包丁スタンド
小型で幅が狭いペティナイフは、すべて手の中で作業ができるのでとても使いやすいです。野菜を切るのであれば、この大きさで充分こと足ります。スタンドは磁石でくっつくようになっていて、一目で使いたいものが選べるので重宝しています。

ツヴィリング　マルキナフライパン

特殊なコーティング加工がしてあるので油をたくさんひかなくても焦げつきにくく、底が深いので焼き目もしっかりつきます。僕が使っているのは一番大きな28cmの深型のもので、4人分くらいのパスタソースも、カレーなどの煮込み料理も作れます。

サタルニア　プレート

イタリアのレストランでよく使われている王道のブランド。厚くて丈夫なので気軽に使えて、大きなものから小さなものまで種類も豊富です。シンプルな美しい白なのでどんな料理も映えますが、特にパスタがとてもあう形です。

白い鍋

野田琺瑯 NOMAKU（左）　ル・クルーゼ（中）　ストウブ（右）

白い鍋が好きです。どの鍋も白だから極端に汚れやすいということはありませんが、使っているうちに次第に色がついて少しくすんできます。しかし、そこが白い鍋の味だと思います。

ビアンキ　チーズグレーター

チーズを削るための道具です。パスタの仕上げにチーズをふりかけることが多いので、ひとつあると便利です。4面ある大きな四角の削り器は使うのがちょっと大変だけど、これはさっと手軽に使えます。

パスタが普及したのは16世紀のイタリア。都市の人口増加で食料不足となり、人々は飢えに苦しんでいました。そこでナポリ人は、長期保存できる乾燥麺を作り出しました。これが現在のパスタに限りなく近いもので、それ以降急速に広がり、地域ごとに様々なパスタが作られるようになりました。

すべてを紹介することはできないので、本書で使うショートパスタ4種類、ロングパスタ3種類の特徴をまとめました。それぞれのソースにあうパスタで作っていますが、必ずそれを使わなければいけないわけではありません。いろいろ試してみて、好みの組みあわせを見つけてください。

ショートパスタ　短くカットしたもので種類も多く、いろいろな形があります。

1　ペンネ
ペン先のように斜めに切られています。中が空洞で側面も分厚いためソースがからみやすく、アラビアータなどのトマトソースやクリームソースと相性がよいです。

2　ファルファーレ
イタリア語で蝶を意味する単語が名前の由来で、蝶ネクタイパスタとして知られています。小さいけれど幅広で凹凸もあるため、少しゆるいソースとよくあいます。

3　カサレッチェ
シチリア島の各家庭で作られ、名前は「手作り」を意味しています。くるっと丸まった溝が2つあり、断面はS字をした愛らしい形で、魚のソースとあわせると最高です。

4　リガトーニ
すじという意味の単語が語源で、面にすじがあるためソースがよくからみます。濃厚なソースと相性がよく、太く大きめなので食べごたえがあります。

ロングパスタ　25cm前後にカットした長いパスタです。

5　フェットチーネ
小麦粉に卵や水を入れて、練って平たくした薄い麺です。イタリアでは牛肉や鶏肉の煮込み料理とともに食べられることが多く、乾燥したものも使われます。

6　スパゲッティ
様々な太さがありソースによって使い分けますが、あまり気にせずにお好みで選んでください。細いものは少しかためにゆでるのが難しいので、太いものがおすすめです。

7　リングイネ
楕円形でやや平打ちであるためソースがからみやすく、味がしっかりとしたソースとよくあいます。バジルを使ったジュノベーゼやクリームソースとあわせやすい麺です。

パスタのゆで方のコツ

30のパスタレシピの前に、パスタのゆで方と、ソースのあえ方を紹介します。特にロングパスタをゆでる時に失敗することが多いのですが、ちょっとしたコツだけ覚えておけば大丈夫です。ゆで方とともに大切なのが、ゆでる時にしっかりと塩味をつけること。細かい塩を使うとなかなか味がつかないので、粗い岩塩を使います。

1　鍋に5リットルの水を入れ、ぐつぐつに沸騰させる。

2　沸騰したら岩塩を約50g入れる。塩分濃度は約1%。

3　パスタを両手の親指と人差し指でたばねるように持つ。

4　少しねじりながら鍋に入れる。

5　そのまま手を離すと、鍋全体にパスタが広がる。

6　パスタ全体が鍋につかるように、ねじった方向にパスタをグルグルと回す。

ソースのあえ方のコツ

パスタとソースは炒めるのではなく、あえながら仕上げていきます。ゆったりとしたソースにパスタを入れたらよくまぜあわせて、水分を飛ばして煮詰めます。固くなった場合は、ゆで汁を入れて好みのやわらかさに調整してください。しっかりあわせて、とろりとさせることが一番のコツです。

1 ゆであがったら、ゆっくりやさしくパスタをひきあげる。

2 フライパンで作ったソースの上に、ゆであがったパスタを入れる。

3 火は弱火で、炒めるのではなくソースとよくまざるように、グルグルとパスタを回す。

4 下から上に、持ちあげるようにしてかきまぜる。

5 水分が蒸発してソースが煮詰まってきた時には、パスタのゆで汁を少し加えて、好みのやわらかさに調整する。

6 とろみが出て、しっかりとソースがからんだらできあがり。

 ## フレッシュトマトとバジルのパスタ
Pasta ai pomodori freschi e basilico

缶ではなく生のものを使うため、トマトの新鮮な風味が楽しめます。イタリアのトマトは日本のものよりも甘さがあり、それに近づけるために砂糖を少し加えました。そうすることで味の深みが増し、旬でない時季のトマトでも美味しく仕上がります。

材料　2人分
トマト・・・1個（小ぶりなら2個）
バジル・・・10枚　ニンニク・・・1/2かけ
パルメザンチーズ・・・適量
オリーブオイル・・・適量　塩・・・適量
砂糖・・・適量　スパゲッティ・・・120g

下準備

トマトはざく切りに、ニンニクはみじん切りにしておく。

1 フライパンにオリーブオイル、ニンニクを入れて中火〜強火にかける。キツネ色になったらフライパンを火から外す。

2 ざく切りにしたトマトと、塩、砂糖をひとつまみずつ入れる。

3 バジルをちぎりながら入れて、煮込む。

4 トマトが崩れるまで煮込む。

5 たっぷりの塩でゆでたパスタとパルメザンチーズをよくからめる。

6 お好みでバジルとパルメザンチーズを仕上げにふりかける。

\レシピ ポイント／

ニンニクは焦がさないように、途中でフライパンを火から外して様子を見ます。ゆっくりとフライパンを回しながらオリーブオイルに風味をつけていくイメージです。バジルは包丁で切らずに手でちぎって入れることで、より香りが出ます。

 ## 芽キャベツとブロッコリーのアンチョビパスタ
Pasta ai cavoletti di bruxelles, broccoli ed acciughe

芽キャベツとブロッコリーはアンチョビと格別の相性で、野菜のやさしい甘味にチーズの香りが広がり、あっさりした中にも深いコクがあります。基本の味つけは、塩ではなくアンチョビペーストを使っているので、魚介の風味も楽しめます。

材料　2人分

芽キャベツ･･･8個　ブロッコリー･･･小1株

アンチョビペースト･･･小さじ2

パルメザンチーズ･･･40g　白ワイン･･･50cc

ニンニク･･･1/2かけ　パセリ･･･適量

オリーブオイル･･･適量　塩･･･適量

スパゲッティ･･･120g

下準備

沸騰したお湯に塩を加え、小分けにしたブロッコリーと半分に切った芽キャベツを3分ほど下ゆでしておく。ニンニクは薄くスライスしておく。

1 フライパンにオリーブオイル、ニンニクを入れて火にかける。火は中火〜強火。

2 ニンニクの香りが出てきたら、ブロッコリー、芽キャベツ、アンチョビペースト、白ワインを入れてひと煮立ちさせる。

3 汁気が少ないようならパスタのゆで汁を少し加える。具材がしんなりしてきたら、オリーブオイル、塩を加えて味を整える。

4 たっぷりの塩でゆでたパスタを加えて、からめる。

5 パルメザンチーズをたっぷりふりかける。

6 よくふってからめる。お好みでパセリをふりかける。

＼レシピポイント／

野菜の食感を残しつつ、ゆっくりソースとなじませてとろみをつけます。最後のパルメザンチーズは、惜しまずたっぷりふりかけると味がまとまり、美味しく仕上がります。アンチョビはカタクチイワシの塩漬けをオリーブオイルに浸したもので、ペーストになったものが使いやすく便利です。

3 giorno エビとフレッシュトマトとバジルのペンネ
Penne ai gamberi e pomodori freschi

エビの旨味と甘酸っぱいフレッシュトマトは、最高の組みあわせです。さらにバジルを入れることでやさしい甘さも加わり、暑い日でも食が進む爽やかな香味が楽しめます。スパゲッティでも美味しく作れますが、トマトによくあうペンネがおすすめです。

材料　2人分
エビ…12尾　トマト…3個
バジル…10〜15枚　ニンニク…1/2かけ
トウガラシ…適量　オリーブオイル…適量
塩…適量　ペンネ…120g

下準備

エビは背わたをとっておく。トマトとバジルはざく切り、トウガラシは小口切り、ニンニクは薄くスライスしておく。

1 フライパンにオリーブオイルを薄くひき、エビを入れて焼き目をつけていく。火は中火〜強火。

2 エビに焼き目がついてきたら、ニンニク、トウガラシ、トマト、バジルを加えてからめる。

3 オリーブオイル、パスタのゆで汁を少し加える。

4 とろみがついてきたらソースの完成。

5 たっぷりの塩でゆでたパスタを加える。

6 よくふってからめる。お好みでバジルを飾りつける。

＼レシピポイント／

ニンニクより先にエビから炒め、焼き目をつけてしっかりと味を凝縮させます。生のトマトから作るソースなので、トマトを火にかける時は焦がさないように注意します。ペンネは筒状で先が斜めにカットされた、ペン先のような形のショートパスタです。筒の中にもソースが入り、よくからみます。

 ## 柚子コショウとカブのクリームスパゲッティ
Spaghetti alla crema di rapa al pepe con yuzu

最初はまかないとして作っていたもので、店でも出したところ人気となったスパゲッティです。家庭で簡単に作れるようにアレンジしました。濃厚なクリームソースを、鶏のひき肉と爽やかな柚子コショウを使うことで、あっさりとした味に仕上げました。

材料　2人分

カブ･･･1個　鶏ひき肉･･･150g
タマネギ･･･1/2個　柚子コショウ･･･5g
生クリーム･･･90g　白コショウ･･･適量
パセリ･･･適量　オリーブオイル･･･適量
塩･･･適量　スパゲッティ･･･120g

下準備

カブは8等分に乱切りして、沸騰したお湯に塩を加え3分ほど下ゆでしておく。タマネギはみじん切り、パセリは刻んでおく。

1 フライパンにオリーブオイルをひき、タマネギを入れて炒める。

2 途中パスタのゆで汁を少し加え、焦がさないように透明になるまでじっくり炒める。火は中火〜強火。

3 タマネギが透明になってきたら、鶏ひき肉を入れてほぐしながら炒める。

4 お湯でといた柚子コショウ、生クリーム、白コショウを加えてからめる。

5 カブと、たっぷりの塩でゆでたパスタを加える。

6 よくふってからめたら完成。お好みでパセリ、オリーブオイルをふりかける。

＼レシピ ポイント／

白いクリームソースなので、タマネギを炒める時は焦がさないように注意します。さらに、黒コショウではなく白コショウを使い、白一色で統一感を持たせると、美しく仕上がります。お好みで麺つゆを少し加えると、味がまとまります。

 ## スモークサーモンとクリームチーズのパスタ
Pasta al salmone affumicato con formaggio cremoso

生クリームの代わりに、ほどよく酸味の効いたクリームチーズをあわせました。スモークサーモンを使うことで香ばしさも加わり、味に深みが生まれます。最後に食感のよい生のルッコラを盛りつけたら、ピンクと深緑が色鮮やかな美しいパスタの完成。

材料　2人分

スモークサーモン･･･70g

クリームチーズ･･･60g　ルッコラ･･･1パック

ディル･･･適量　ケッパー･･･適量

白ワイン･･･50cc　オリーブオイル･･･適量

塩･･･適量　カサレッチェ･･･120g

下準備

ルッコラは食べやすい大きさに切っておく。クリームチーズは常温に戻しておく。

1. オリーブオイルを多めにひいたフライパンにスモークサーモンを並べ、軽く身を崩しながら炒める。火は中火〜強火。

2. ケッパー、白ワイン、ディル、クリームチーズを加えてからめる。

3. 汁気が少ないようなら、パスタのゆで汁を少し加えて調整する。

4. たっぷりの塩でゆでたパスタを加える。

5. よくふってからめる。

6. ルッコラをたっぷり盛りつける。

＼レシピ ポイント／

サーモンは適度に崩します。白ワインはしっかり加熱してアルコール分を飛ばします。酸味の強いソースには柑橘類があうので、お好みでオレンジやレモンなどを絞るのもおすすめです。Ｓ字型のショートパスタ、カサレッチェを使いましたが、他のショートパスタでも美味しいので、いろいろと試してください。

 ## 生マッシュルーム入りアマトリチャーナ・ビアンコ
Amatriciana bianca ai funghi crudi

アマトリチャーナはトマトソースのものが多いのですが、トマトを使わずに素材の味を生かしました。生のマッシュルームは香りが高く、シャキッとした歯ごたえも楽しめます。ベーコンは厚めのものが食べごたえがあっておすすめです。

材料　2人分
生マッシュルーム…6個　タマネギ…1/2個
ベーコン（厚切り）…2枚
ニンニク…1/2かけ　パセリ…適量
パルメザンチーズ…適量
オリーブオイル…適量　塩…適量
スパゲッティ…120g

下準備

ベーコンは5mm幅に切る。タマネギは1.5〜2cm幅で、繊維に対して垂直に切る。パセリは刻んでおく。ニンニクはみじん切りにしておく。

1 フライパンにオリーブオイルを多めにひき、タマネギを入れて炒める。火は中火〜強火。

2 タマネギが透明になってきたら、ベーコン、ニンニク、パセリを入れて炒める。

3 汁気が少ないようなら、パスタのゆで汁を少し加えて調整する。

4 全体がなじむ程度に炒める。

5 たっぷりの塩でゆでたパスタを加えて、よくからめる。

6 生マッシュルームをスライスしてふりかけ、仕上げにパルメザンチーズ、パセリをふりかける。

＼レシピポイント／

タマネギは繊維に対し垂直に断つように切ります。やわらかい食感で辛味を抑えたい時におすすめの切り方です。生マッシュルームは香りと食感を存分に生かすため、仕上げの直前に薄くスライスします。トマトが入っているものをアマトリチャーナ・ロッサ、入っていないものをアマトリチャーナ・ビアンコと呼びます。

 ## ナスのペンネサラダ
Insalata di penne alle melanzane

時間が経って冷めてしまっても美味しく、サラダのように前菜感覚で食べられます。さっくりと揚げた旬のナスとアンチョビの相性が最高で、酒のつまみにもぴったり。暑い季節におすすめしたい、さっぱりとした味わいのパスタです。

材料　2人分

ナス・・・2本　アンチョビペースト・・・小さじ2
ドライトマトのオイル漬け・・・6個
ケッパー・・・適量　オレガノ・・・適量
バジル・・・適量　オリーブオイル・・・適量
パルメザンチーズ・・・適量
塩・・・適量　ペンネ・・・120g

下準備

ナスを厚めのいちょう切りにする。ドライトマトは食べやすい大きさに切る。

1 ナスを190℃の油で4分ほど素揚げする。

2 軽く焦げ目がついてきたら引きあげ、塩とオレガノをふりかけておく。

3 ボールにドライトマト、ケッパー、アンチョビペースト、オレガノ、オリーブオイルを加えてあえる。

4 たっぷりの塩でゆでたパスタを加える。

5 素揚げしたナスを入れ、バジルを手でちぎりながら加える。

6 よくふってからめる。お好みでパルメザンチーズをふりかけて、バジルを飾りつける。

＼レシピ ポイント／

ナスは焦げ目がつく程度にしっかり揚げて、さっくり感を出します。ペンネは時間通りにしっかりとゆでます。仕上げにはボールを使い、素早くあわせます。塩気が足りない場合、塩ではなくアンチョビペーストを加えて味を調整します。

 ## ズッキーニとトリュフオイルのフェットチーネ
Fettuccine alle zucchine e olio al tartufo

味つけはシンプルですが、高級食材であるトリュフの高い香りを手軽に楽しめるトリュフオイルを少し加えるだけで、本格的な味わいが楽しめます。チーズのコクがトリュフを引き立てて、口の中いっぱいに豊かな香気が広がります。

材料　2人分

ズッキーニ・・・2/3本
トリュフオイル・・・大さじ2
モッツァレラチーズ・・・40g
バター・・・25g　パルメザンチーズ・・・適量
塩・・・適量　フェットチーネ・・・120g

下準備

ズッキーニはいちょう切りに、モッツァレラチーズは1cm程度の角切りにしておく。沸騰したお湯に塩を加え、ズッキーニを入れて3分ほど下ゆでする。

1 あたためたフライパンにバターを入れ、パスタのゆで汁を少し加えてのばす。

2 バターが完全にとけたら火を止めて、トリュフオイル大さじ2とズッキーニを加えてからめる。

3 たっぷりの塩でゆでたパスタを加える。

4 パルメザンチーズを加える。

5 再び火をつけて、よくふってからめる。

6 お皿に盛りつけて、モッツァレラチーズを少し崩しながらのせる。お好みでパルメザンチーズをふりかける。

＼レシピポイント／

トリュフオイルは火にかけすぎると香りが飛んでしまうので、パスタを加えたら手早くグルグルと回してソースとしっかりからめてとろみを出します。パスタはイタリア語で小さなリボンを意味する平たく薄い麺、フェットチーネを使います。

 ## ゆでダコのペペロンチーノ
Aglio, olio e peperoncino al polpo bollito

タコの旨味と食感を存分に生かしたペペロンチーノ。ゆでダコを使うので、さっと火を通すだけで素早く仕上がります。ペペロンチーノ（イタリア語でトウガラシ）だけれども、トウガラシを入れない作り方なので、辛いものが苦手な人にもおすすめです。

材料　2人分

ゆでダコ･･･半身　オリーブ･･･10個
ドライトマトのオイル漬け･･･6個
ケッパー･･･小さじ2　白ワイン･･･100cc
ニンニク･･･1/2かけ　パセリ･･･適量
オリーブオイル･･･適量　塩･･･適量
スパゲッティ･･･120g

下準備
ゆでダコ、ドライトマトは食べやすい大きさに切る。ニンニクはみじん切り、パセリは刻んでおく。

1 フライパンにオリーブオイル、ニンニクを入れて火にかける。火は中火〜強火。

2 チリチリと音がしてきたらゆでダコを入れ、軽く炒める。

3 ケッパー、オリーブ、ドライトマト、パセリを加える。

4 炒めたところに白ワインを加える。汁気が少ないようなら、パスタのゆで汁を少し加えて調整する。

5 たっぷりの塩でゆでたパスタを加える。

6 よくふってからめる。お好みでパセリをふりかける。

＼レシピ ポイント／
すでに火が通っていて味のついているゆでダコ（お刺身用として販売されているもの）を使うので、調理がとても簡単です。タコは火を通しすぎるとかたく小さくなってしまうので、手早く調理します。

 ## バジルペーストのパスタ
Pasta al pesto di basilico

自家製バジルペーストを使った、基本のパスタのひとつ。既製品のペーストも手軽でいいけれど、手作りの新鮮な味わい、香りの高さは格別です。バジルペーストを作り置きしておけば、パスタ以外にも肉や魚など様々な料理に活用できます。

材料　2人分

バジル・・・25枚　EXオリーブオイル・・・100cc
松の実・・・40g　ニンニク・・・1/2かけ
パルメザンチーズ・・・50g　塩・・・ひとつまみ
以上がバジルペーストの材料。少なすぎるとフードプロセッサーが回らないため4人分
飾り用のバジル・・・適量　パルメザンチーズ・・・適量
スパゲッティ・・・120g

1 バジル、松の実、ニンニク、塩、オリーブオイル（2/3の量）を入れて、フードプロセッサーで回す。

2 ある程度まざったら、パルメザンチーズと残りのオリーブオイルを入れて、再度回す。

3 なめらかなペースト状になったら、バジルペーストのできあがり。

4 バジルペーストをボールに大さじ3入れ、たっぷりの塩でゆでたパスタとパルメザンチーズを加える。

5 よくからめる。汁気が少ないようならパスタのゆで汁を加えて調整する。

6 パルメザンチーズをふりかけて、最後にバジルの葉を1枚飾る。

＼ レシピ ポイント ／

バジルは洗うと水っぽくなり、濡れたままだとバジルペーストが痛みやすいので、よく水気を拭き取ります。できあがったペーストは変色しやすいので、空気に触れないよう表面にラップをします。バジルソースとパスタをあえる時は、火にかけないでボールでさっとからめると、生のバジルの香りが引き立ちます。

 ## ワタリガニのトマトクリームペンネ
Pasta alla crema rose'con granchi

ワタリガニはダシがよく出る種類で、このパスタでは身ではなく主にカニから出るダシの旨味を楽しみます。ワタリガニ、フレッシュトマト、生クリームの組みあわせが絶妙で、滋味が染み渡ったソースをペンネによくからませていただきます。

材料　2人分

ワタリガニ…2杯

トマト…1/2個（小ぶりなら1個）

生クリーム…100cc　白ワイン…50cc

ニンニク…1/2かけ　オリーブオイル…適量

パセリ…適量　塩…適量

ペンネ…120g

下準備

ワタリガニは1/6くらいの食べやすい大きさにカットする。トマトはざく切りに、ニンニクはみじん切りに、パセリは刻んでおく。

1 フライパンにニンニクとオリーブオイルを入れる。あたたまってきたところでワタリガニを入れ、中火〜強火で炒める。

2 ワタリガニが赤くなってきたら、白ワイン、トマト、パセリ、塩と砂糖をひとつまみずつ入れて炒める。

3 全体がなじんだら、少量のパスタのゆで汁と、生クリームを加える。

4 全体があわさったところで、たっぷりの塩でゆでたパスタ（通常のゆで時間より2分早く引きあげる）をソースに加える。

5 蓋をして煮込む。

6 パスタが煮えたら完成。お好みでパセリをふりかける。

＼レシピポイント／

ワタリガニはしっかりと炒めて、凝縮したダシの旨味を引き出します。食べやすい大きさに解体されたカニを使えば準備の手間が省けます。ペンネは少しかたい状態で引きあげて、ソースと一緒に煮込みながら、たっぷりとダシを吸わせます。

 ## 緑野菜とフェタチーズのリガトーニ
Rigatoni alle verdure verdi e feta

ゆでたパスタと具材をあえるだけ。素材の旨味を生かして仕上げるので、味つけもとてもシンプルです。野菜はしんなりさせず、歯ごたえを残して食感が楽しめるようにゆでます。緑野菜が美味しく色鮮やかな、春から夏の時季におすすめです。

材料　2人分

ブロッコリー･･･小1株　ズッキーニ･･･2/3本
インゲン･･･6本　オリーブ･･･12個
フェタチーズ･･･30g
パルメザンチーズ･･･適量
オリーブオイル･･･適量　パセリ･･･適量
塩･･･適量　リガトーニ･･･120g

下準備

ブロッコリーは食べやすい大きさに小分けする。ズッキーニは厚めのいちょう切り、インゲンは3等分にカット、フェタチーズはサイコロ状に切っておく。

1 沸騰したお湯に塩を加え、ブロッコリー、ズッキーニ、インゲンを入れ、4〜5分ゆでる。

2 ゆであがったらボールに移す。

3 オリーブ、オリーブオイル、塩を少々、パルメザンチーズを加える。

4 たっぷりの塩でゆでたパスタを加える。

5 よくからめる。

6 フェタチーズを少し崩しながらのせる。お好みでパセリをふりかける。

＼レシピ ポイント／

羊の乳から作られるフェタチーズは、酸味と塩気があって濃厚なので、味つけは必要ありません。オリーブの塩気や素材の味をそのまま生かして仕上げます。外側にすじが入った円筒状のショートパスタ、リガトーニを使います。

13 giorno ツナとアサリのクリームパスタ
Pasta al tonno e vongole alla crema

ツナとアサリの魚介ダシがしっかりと効いた、やさしい甘さが味わえるクリームパスタです。なめらかなソースは、生クリームと酸味のあるクリームチーズとあわせて作るので、コクがありながらも、さっぱりとした後味が楽しめます。

材料　2人分
アサリ‥‥12粒　ツナ‥‥50g（フレークのもの）
クリームチーズ‥‥40g　生クリーム‥‥100cc
白ワイン‥‥50cc　パセリ‥‥適量
オリーブオイル‥‥適量　コショウ‥‥適量
塩‥‥適量　スパゲッティ‥‥120g

下準備

アサリは砂抜きしておく。パセリは刻んでおく。

1 フライパンにオリーブオイル、アサリを入れて中火〜強火で軽く炒める。白ワインを加えて、アサリが開くまで蓋をする。

2 アサリが開いたら、軽くオイルを切ったツナを加える。

3 つづけてクリームチーズ、生クリーム、パセリ、コショウ、オリーブオイルを加えてまぜる。

4 汁気が少ないようなら、パスタのゆで汁を少し加えて調整する。

5 たっぷりの塩でゆでたパスタを加える。

6 よくふってからめる。お好みでオリーブオイル、パセリをふりかける。

＼レシピポイント／

アサリは火を入れすぎるとかたくなってしまうので、煮詰めないようにします。アサリの身が殻から外れてしまうのが気になる場合は、開いたらフライパンから出して、最後に戻してあわせます。ツナはフレーク状の缶詰を使います。

ズワイガニと菜の花のペペロンチーノ

Aglio, olio e peperoncino al granchio della neve e fiore di colza

菜の花が旬を迎える早春に味わいたい、ズワイカニを使ったちょっと贅沢なペペロンチーノ。春を感じる菜の花のほろ苦さと、カニの甘味の組みあわせが絶妙です。鮮やかな緑と赤の色あいも美しく、春の食卓を華やかに彩ってくれます。

材料　2人分

菜の花･･･50g（1束ほど）
ズワイガニ･･･50g（フレークのもの）
白ワイン･･･50cc　ニンニク･･･1/2かけ
トウガラシ･･･適量　オリーブオイル･･･適量
パセリ･･･適量　塩･･･適量
スパゲッティ･･･120g

下準備
菜の花は適当な大きさにざく切り、ニンニクは薄くスライス、トウガラシは小口切りにしておく。パセリは刻んでおく。

1 フライパンにオリーブオイルを多めに入れ、あたたまってきたところでニンニク、トウガラシを入れる。火は中火〜強火。

2 ニンニクの香りが出てきたら、菜の花、塩を少々入れて炒める。

3 菜の花がしんなりしてきたら、ズワイガニ、パセリ、白ワインを加える。

4 汁気が少ないようなら、パスタのゆで汁を少し加えて調整する。

5 全体があわさったところで、たっぷりの塩でゆでたパスタを加える。

6 よくふってからめる。お好みでパセリ、オリーブオイルをふりかける。

＼レシピ ポイント／

菜の花は食感を残したいので、火を通しすぎないようにします。ズワイガニはすでに火が通っていて味もついているフレーク状の缶詰を使うので、フライパンの中でさっとあたためる程度にして、身を崩しすぎないようにします。

 ## 15 giorno　ベーコンで作るミートソースリガトーニ
Rigatoni al ragù di pancetta

あいびき肉の代わりに、牛ひき肉とベーコンをあわせて使うことで、ひと味違う新鮮な食感が楽しめるミートソースに仕上げました。セロリ、ニンジンなども入れず、最小限の食材に絞っているので、肉本来の旨味が存分に味わえます。

材料　2人分

牛ひき肉･･･150g　ベーコン･･･50g
タマネギ･･･1/2個　トマト･･･2個
ドライトマトのオイル漬け･･･2個　セージ･･･1本
赤ワイン･･･80cc　ニンニク･･･1/2かけ
オリーブオイル･･･適量　砂糖･･･ひとつまみ
塩･･･小さじ1　コショウ･･･適量　パセリ･･･適量
パルメザンチーズ･･･適量　リガトーニ･･･120g

下準備

牛ひき肉に塩コショウをふってまぜる。タマネギはみじん切りに、ベーコン、ドライトマト、トマトは細かく切る。セージ、ニンニク、パセリは刻んでおく。

1 フライパンにニンニク、セージ、オリーブオイルを入れ、あたたまってきたところでタマネギを加え中火〜強火で炒める。

2 途中、パスタのゆで汁少々と塩を加え、焦がさないように飴色になるまで炒める。

3 飴色になったら牛ひき肉、ベーコン、ドライトマトを加える。肉にある程度火が通ったら、赤ワインを加えてひと煮立ち。

4 トマトと砂糖ひとつまみ、パスタのゆで汁少々を加える。塩で味を整えたらミートソースの完成。ソースを一旦皿に移す。

5 再びフライパンにニンニク、オリーブオイルを入れ、あたたまってきたところでミートソースとパセリを加える。

6 たっぷりの塩でゆでたパスタを加え、よくふってからめる。お好みでパセリ、パルメザンチーズをふりかける。

＼レシピポイント／

タマネギは飴色になるまでしっかりと炒めて、甘さを十分に引き出します。あいびき肉ではなくベーコンを使うことで味が安定し、まとまりが出ます。ミートソースはパスタ以外にも、ドリアやラザニアなど、様々な料理に利用できます。

 ## アーティチョークのフェットチーネ
Fettuccine ai carciofi

アーティチョークは日本ではあまりなじみのない野菜ですが、イタリアでは冬の終わりから初春にかけて市場に並ぶ、春の訪れを告げる食材のひとつ。具材はアーティチョークだけ。ほくほくした食感と濃厚な風味は、一度食べたらやみつきになります。

材料　2人分
- アーティチョーク…4個
- パルメザンチーズ…適量
- ニンニク…1/2かけ
- パセリ…適量　オリーブオイル…適量
- 塩…適量　フェットチーネ…120g

下準備

アーティチョークは食べやすい大きさに刻んでおく。ニンニク、パセリは刻んでおく。

1 フライパンに多めのオリーブオイル、ニンニクを入れて火をつける。火は中火〜強火。

2 香りが出てきたら、アーティチョークを入れて炒める。

3 焼き目がついてきたら、パセリ、パスタのゆで汁を少し加えてからめる。

4 たっぷりの塩でゆでたパスタを加える。

5 パルメザンチーズをふりかける。

6 よくふってからめる。

＼レシピ ポイント／

生のアーティチョークは手に入れにくいですが、冷凍のものや瓶詰は1年中手に入り、使いやすい大きさにカットされているのでおすすめです。生のものは切ってから時間が経つと黒くなってくるので、すぐに使わない場合はレモン水につけておきます。パスタは細長い平打ち麺、フェットチーネを使います。

アスパラガスとクルミとベーコンのパスタ
Pasta alla purea di asparagi, noci e pancetta

丸ごとペーストにしたアスパラガスの濃厚な味わいと、香ばしいクルミのカリカリとした食感が楽しめます。蝶ネクタイの形をしたショートパスタのファルファーレはとても愛らしく、鮮やかな緑と相まって、味だけでなく見た目も華やかです。

材料　2人分

アスパラガス･･･8本（具材2本、ソース6本）
ベーコン（角切り）･･･45g　クルミ･･･20g
生クリーム･･･50cc　パセリ･･･適量
パルメザンチーズ･･･適量
オリーブオイル･･･適量　塩･･･適量
ファルファーレ･･･120g

下準備

沸騰したお湯に塩を加え、アスパラガス2本を1分下ゆでして食べやすい大きさに切る。6本はペーストにするので3分下ゆでしてやわらかくする。ベーコンは5mm幅に切る。パセリは刻んでおく。

1 やわらかめにゆでたアスパラガス6本を適当な大きさに切って鍋に入れ、生クリームを加える。

2 ハンドミキサーでペースト状にする。繊維が残らないよう、よくすりつぶす。

3 オリーブオイルをひいたフライパンにベーコンを入れ、強火でカリカリになるように焼いていく。

4 焦げ目がついてきたら火を中火にして、ペースト状にしたアスパラガス、パスタのゆで汁を少し加えてまぜあわせる。

5 たっぷりの塩でゆでたパスタをからめる。具材のアスパラガスもパスタと同じ鍋に入れて、あたためてからソースに加える。

6 塩、パルメザンチーズを加えて味を整える。オリーブオイル、クルミ、パセリをふりかける。

＼レシピポイント／

アスパラガスは食べた時に口に残らないよう、よくペーストします。ハンドミキサーが回りづらい時は、パスタのゆで汁を少し加えて、好みのなめらかさに調整してください。ベーコンは、角切りのものが食べごたえがあっておすすめです。

 ## オリーブペーストとエビのファルファーレ
Farfalle con base d'olive e gamberi

蝶ネクタイ形のファルファーレを使いますが、オリーブとトマトをまぜあわせた鮮やかな海老茶色のソースとからまることで、落ち着いた雰囲気に仕上がります。ドライトマトを多めに入れるので、甘味があってまろやかな味が楽しめます。

材料　2人分

オリーブペースト・・・大さじ3　エビ・・・12尾
パセリ・・・適量　塩・・・適量
ファルファーレ・・・120g
◎オリーブペースト　4〜5人分の材料
（少なすぎるとフードプロセッサーが回らないため）
オリーブ・・・1缶（150g）　ドライトマト・・・6個
ニンニク・・・1/2かけ　オリーブオイル・・・60g

下準備

エビは背わたをとって、背中に切れ目を入れる。パセリは刻んでおく。

1 汁を切ったオリーブ、ドライトマト、ニンニク、オリーブオイルをフードプロセッサーでペースト状にする。

2 なめらかなペースト状になったら、オリーブペーストのできあがり。

3 エビに軽く塩をふり、オリーブオイルをひいたフライパンに並べて焼き目をつけていく。火は中火〜強火。

4 オリーブペーストを大さじ3ボールに入れ、そこに焼き目のついたエビを汁ごと加えてあえる。

5 パセリ、たっぷりの塩でゆでたパスタを加える。

6 よくまぜあわせる。お好みでパセリをふりかける。

＼レシピポイント／

エビは火を通しすぎるとかたくなってしまうので注意します。オリーブペーストがもったりしてしまった場合は、少しのオリーブオイルとパスタのゆで汁を加えて、食べやすい好みのかたさに仕上げます。残ったオリーブペーストはサラダとあわせたり、バケットにのせたり、様々な料理に活用できます。

19 giorno   ポルチーニとイカのリングイネ
Tagliolini ai porcini e calamari

ポルチーニは秋になると必ずイタリアの食卓に並ぶキノコで、芳醇な香りと濃厚なダシが楽しめます。イカと相性がよく、この組みあわせはイタリアでは秋の定番です。主な食材は2つだけですが、素材の旨味でとびきり美味しいパスタができあがります。

材料　2人分

冷凍ポルチーニ・・・6個　イカ（小）・・・10杯
タイム・・・6本　ニンニク・・・1/2かけ
白ワイン・・・適量　オリーブオイル・・・適量
パセリ・・・適量　塩・・・適量
リングイネ・・・120g

下準備

冷凍ポルチーニを解凍し、食べやすい大きさに切る。解凍した際に出た汁もとっておく。イカは軟骨を引き抜いて水洗いし、水気を拭き取る。ニンニクはみじん切りに、パセリは刻んでおく。

1 フライパンにオリーブオイルを薄くひき、イカとタイムを入れる。

2 イカに焼き目をつけていく。火は中火〜強火。焼き目がついたら一旦火を止める。

3 みじん切りにしたニンニク、オリーブオイル、ポルチーニ（解凍した際の汁も）、白ワインを入れ、もう一度火にかける。

4 パスタのゆで汁を少し加えて、とろみがついたらソースの完成。お好みで塩を加える。

5 たっぷりの塩でゆでたパスタを加える。

6 よくふってからめる。お好みでパセリをふりかける。

＼レシピポイント／

ポルチーニは炒めていくとなめらかさが出てくるので、それを生かしてしっかりとパスタにからめます。冷凍のものを使いましたが、手に入る時はぜひ生のポルチーニの豊かな香りを楽しんでください。パスタは魚介類と相性のいい、平べったい形のリングイネを使います。

 ## 自家製ジャガイモのニョッキ チーズソース
Gnocchi di patate fatti in casa alla salsa di formaggio

いろんなニョッキがありますが、イタリアではこれが最も定番の作り方の、王道ニョッキ。市販のものは手軽で便利ですが、自家製のもっちりとした食感は格別です。簡素な味つけながら、セージの香りとチーズのコクが口いっぱいに広がります。

材料　2人分

セージ…2枚　バター…80g
パルメザンチーズ…40g　塩…適量
◎ニョッキ　2〜3人分の材料
ジャガイモ…500g　小麦粉…100g
卵（黄身のみ使用）…1個　パルメザンチーズ…20g
オリーブオイル…15cc（大さじ1）　塩…2つまみ

下準備

ジャガイモはふかして、皮をむいておく。

1 ふかしたジャガイモをつぶしてやわらかくして、パルメザンチーズ、卵の黄身、オリーブオイル、塩を加えてまぜる。

2 全体がまざったら、小麦粉を加えて手でこね、ひとつにまとめる。

3 打ち粉をした台の上で、親指の太さくらいの棒状にのばす。2cm幅にカットし、さらに打ち粉をしたらパスタの完成。

4 フライパンにバターとセージを入れ、バターがとけたら、パスタのゆで汁を少し加える。火は中火〜強火。

5 沸騰したお湯に塩を加え、ニョッキを1分半〜2分ゆでる。浮いてきたらゆであがり。

6 4のフライパンのソースにニョッキとパルメザンチーズを入れて、よくからめる。

＼レシピポイント／

ジャガイモはしっとりとした食感のメークインを使います。ジャガイモと小麦粉の配合が大切で、ジャガイモが多すぎると崩れやすく、逆に小麦粉が多すぎるとかたくなります。ジャガイモはゆでると水っぽくなってしまうので、必ずふかします。竹串がすっと入るくらいにやわらかくなるまで、しっかりと蒸します。

 ## ツナ入りプッタネスカのペンネ
Penne alla puttanesca con tonno

プッタネスカは保存食であるドライトマト、オリーブ、ケッパーを使い、塩で味つけせず、食材の旨味をそのまま生かして作られる、イタリアの定番パスタのひとつです。トマトと相性のよいツナを組みあわせて、まろやかに仕上げました。

材料　2人分

ツナ･･･2缶（かたまりになっているもの）
トマト･･･2個　オリーブ･･･12個
ドライトマトのオイル漬け･･･6個
ケッパー･･･小さじ2　ニンニク･･･1/2かけ
オレガノ･･･適量　オリーブオイル･･･適量
パセリ･･･適量　塩･･･適量　ペンネ･･･120g

下準備

トマトはざく切りに、ニンニクはみじん切りにする。ドライトマトは食べやすい大きさに切る。パセリは刻んでおく。

1 フライパンにニンニクとオリーブオイルを入れ、あたたまったらオリーブ、ケッパー、ドライトマト、オレガノを入れる。

2 つづけて軽くオイルを切ったツナ、トマト、パセリを入れ、中火〜強火で炒める。

3 一旦火を止め、塩で味をつける。水分が少ないようならパスタのゆで汁を加えて調整する。

4 よくあえて、もう一度火にかける。

5 たっぷりの塩でゆでたパスタを加える。

6 よくふってからめる。お好みでパセリをふりかける。

＼レシピポイント／

ツナは便利な缶詰を使いますが、食感を楽しむためにフレーク状のものではなく、かたまりになっているものを選びます。ツナとトマトは、形が崩れすぎないように注意しながらパスタとよくからめると、美味しく仕上がります。

エビとズッキーニのカレークリームパスタ
Pasta ai gamberi e zucchine alla crema al curry

カレーに生クリームをあわせて、まろやかな味に仕上げたクリームパスタ。カレーの風味が食欲をそそります。カレーうどんやカレー味ヌードルのように、カレーと麺の意外な組みあわせの妙がクセになる、イタリアン版カレーパスタです。

材料　2人分
エビ･･･10尾　ズッキーニ･･･1本
カレー粉･･･小さじ4　生クリーム･･･40cc
白ワイン･･･50cc　ニンニク･･･1/2かけ
オリーブオイル･･･適量
パセリ･･･適量　塩･･･適量
コショウ･･･適量　フェットチーネ･･･120g

下準備

エビは背わたをとって、細かく切る。ズッキーニは厚めのいちょう切りにしておく。どちらも軽く塩コショウをふっておく。ニンニクはみじん切りに、パセリは刻んでおく。

1 フライパンにオリーブオイルを多めにひき、ズッキーニを入れて火にかける。火は中火～強火。

2 ズッキーニに火が通ってきたら、エビ、ニンニク、白ワイン、カレー粉を入れてよくあえる。

3 全体がまざったら生クリーム、パセリ、パスタのゆで汁を少し加える。

4 ひと煮立ちさせる。お好みで塩を加えて味を調整する。

5 たっぷりの塩でゆでたパスタを加える。

6 よくふってからめる。お好みでパセリをふりかける。

＼レシピポイント／

クリームパスタは煮詰めすぎると、水分が飛んでもったりとしてしまうので、適度に切りあげてさらっと仕上げます。ズッキーニは食感を楽しむために炒めすぎないようにします。パスタはクリームソースによくあう平打ち麺、フェットチーネを使います。

 ## アサリとシメジとミツバのボンゴレ
Spaghetti al vongole, shimeji e mitsuba

ボンゴレはアサリを使ったパスタで、大粒のアサリとシメジのダシをあわせました。春先のアサリは身がしっかりしていて、ボンゴレは日本の方が美味しいというイタリア人もいるほど。パセリの代わりにミツバを使うことで、和の風味を加えました。

材料　2人分

アサリ…30個　シメジ…1株
ミツバ…1束（半分は盛りつけ用）
白ワイン…50cc　ニンニク…1かけ
オリーブオイル…適量　塩…適量
リングイネ…120g

下準備

アサリは砂抜きしておく。シメジは小分けにしておく。ミツバは適当な大きさに刻み、ニンニクはみじん切りにする。

1 フライパンに多めのオリーブオイルをひき、ニンニクを入れ中火〜強火にかける。

2 ニンニクの香りが出てきたら、アサリ、シメジ、白ワインを加えて蓋をする。

3 アサリが開いたら、蓋を外してミツバを加える。汁気が少ないようなら、パスタのゆで汁を少し加えて調整する。

4 たっぷりの塩でゆでたパスタを加える。パスタはゆで時間より1分くらい早めに引きあげる。

5 よくふってからめる。煮詰めながら、パスタにソースをしっかり染み込ませる。

6 ミツバを盛りつける。

\ レシピポイント /

魚介のパスタは、ソースを少し多めに作っておきます。パスタをゆで時間の1分前くらいにあげて、少しかたい状態でソースとからめます。煮詰めながら、パスタにソースの味を染み込ませていきます。

 ## ムール貝とほうれん草のスパゲッティ
Spaghetti alle cozze e spinaci

ムール貝をたっぷり使って豪華に仕上げた、おもてなしにもぴったりのパスタ。特に冬のほうれん草は甘味も増して栄養豊富なので、寒い季節におすすめです。ムール貝から出るダシがほうれん草にしっかり染み込むので、魚介の旨味が存分に楽しめます。

材料　2人分
ほうれん草・・・4束　ムール貝・・・12個
白ワイン・・・50cc　ニンニク・・・1/2かけ
オリーブオイル・・・適量
パセリ・・・適量　塩・・・適量
スパゲッティ・・・120g

下準備

ほうれん草はざく切りに、ニンニクはみじん切りに、パセリは刻んでおく。

1. フライパンにニンニクとオリーブオイルを入れて、火にかける。火は中火〜強火。

2. ニンニクが少し焦げてきたら、ムール貝と白ワインを入れる。

3. 蓋をして蒸し焼きにする。

4. ムール貝の口が開いてきたら、ほうれん草、オリーブオイルを加える。

5. さっとからめて、お好みで塩を加えて味を調整したらソースの完成。

6. たっぷりの塩でゆでたパスタを加え、よくふってからめる。お好みでパセリをふりかける。

＼レシピポイント／

ニンニクをしっかりと炒めて香味を出し、ムール貝にしっかりとからませます。ムール貝だけでも美味しいですが、野菜を入れるととろみが出て、ソースとパスタのからみがよくなります。ほうれん草以外の、季節の旬の野菜でも美味しく作れます。

スモーク牡蠣と長ネギのオイルパスタ
Pasta all'olio con ostriche affumicate e porri

生の牡蠣ではなくスモークしたものを使うことで、簡素ながら奥行きのある深い味わいが楽しめます。長ネギが旬を迎える盛冬は、旨味が凝縮されたスモーク牡蠣の香ばしさと長ネギのやさしい甘味が相まって、特に美味しくいただけます。

材料　2人分

スモーク牡蠣・・・8個　長ネギ・・・1本
ドライトマトのオイル漬け・・・6個
青ネギ・・・適量　白ワイン・・・50cc
ニンニク・・・1/2かけ　オリーブオイル・・・適量
塩・・・適量　スパゲッティ・・・120g

下準備

長ネギは5cmくらいの縦切りにする。ドライトマトは食べやすい大きさに切る。青ネギは小口切りに、ニンニクは薄くスライスしておく。

1 切った長ネギに軽く塩をふり、オリーブオイルをひいたフライパンに並べる。

2 焼き目がつくように、なるべく動かさない。火は中火〜強火。

3 ネギに焼き目がついたらひっくり返し、ドライトマト、ニンニクを入れる。

4 火が通ってきたら白ワイン、スモーク牡蠣、青ネギを入れてひと煮立ちさせる。

5 たっぷりの塩でゆでたパスタを加える。

6 よくふってからめる。お好みで青ネギをのせる。

＼レシピポイント／

長ネギは食感が楽しめる程度にしっかり焼き目をつけます。スモーク牡蠣は身が崩れやすいので、パスタをからめる時に気をつけます。缶詰や瓶詰のスモーク牡蠣は保存が効き、パスタ以外の様々な料理に幅広く活用できる食材です。

26 giorno 鶏ひき肉とダイコンのミートソースリガトーニ
Rigatoni al ragù di pollo e daikon

イタリア料理ではあまり使われることのないダイコンと鶏肉を組みあわせて、あっさり仕上げました。ダイコンの甘味とみずみずしさ、それにほろ苦さもしっかりと出ていて、奥深い味が楽しめます。ダイコンが美味しい寒い時節にいただきたい一皿です。

材料　2人分

鶏ひき肉…100g　ダイコン…100g
ドライトマトのオイル漬け…6個
トマトソース…100g
パルメザンチーズ…大さじ2
ニンニク…1/2かけ　オリーブオイル…適量
パセリ…適量　塩…適量　リガトーニ…120g

下準備

ダイコンを約2cm幅のサイコロ状に切る。沸騰したお湯に塩を加え、切ったダイコンを3分ほど下ゆでする。ドライトマト、ニンニクは細かく切る。パセリは刻んでおく。

1 フライパンにオリーブオイルを多めに入れ、あたたまってきたところでニンニク、ドライトマトを入れる。火は中火〜強火。

2 ニンニクの香りがたってきたら、鶏ひき肉を加えて、軽くほぐし入れる。

3 つづけて下ゆでしたダイコンを加えて炒める。

4 トマトソース、パセリ、塩を少々加え、まぜあわせる。

5 たっぷりの塩でゆでたパスタとパルメザンチーズを加える。

6 よくふってからめる。お好みでパセリをふりかける。

＼レシピポイント／

ダイコンはサイコロ状に切って、パスタをゆでる時と同じくらいの塩加減で下ゆでしておきますが、食感が残るよう、ゆですぎに注意します。筒状のショートパスタ、リガトーニを使いましたが、マカロニでも美味しくいただけます。

 ## カジキマグロとナスのペンネパスタ
giorno
Penne al pescespada e melanzane

ナスとカジキマグロは、シチリア島では定番の組みあわせです。カジキマグロのしっかりとした身に、イタリア料理には欠かせないハーブのひとつであるオレガノのほろ苦く爽やかな風味と、ドライトマトのオイル漬けの甘味が見事に調和しています。

材料　2人分

カジキマグロ･･･160g　ナス･･･2本
ドライトマトのオイル漬け･･･6個
オレガノ･･･適量　パセリ･･･適量
白ワイン･･･50cc　ニンニク･･･1/2かけ
オリーブオイル･･･適量　塩･･･適量
ペンネ･･･120g

下準備

カジキマグロは1cm程度の角切りに、ナスとドライトマトは食べやすい大きさに切る。ニンニクは薄くスライス、パセリは刻んでおく。

1 オリーブオイルをひいたフライパンにカジキマグロ、ナスを入れ、焼き目をつけるように焼いていく。火は中火～強火。

2 焼き目がついてきたら、ニンニクを加え、軽く炒める。

3 ニンニクの香りが出てきたら、白ワイン、オレガノ、パセリを加えてひと煮立ちさせる。

4 汁気が少ないようなら、パスタのゆで汁を少し加えて調整する。

5 たっぷりの塩でゆでたパスタ、ドライトマトを加える。

6 よくふってからめる。お好みでパセリをふりかける。

＼レシピ ポイント／

カジキマグロとナスは焼き目をしっかりつけます。カジキマグロを炒める時はフライパンをあまり動かさず、身を崩さないように注意します。オレガノは早い段階で加え、しっかり火を入れても大丈夫です。

カラスミとバジルのパスタ
Pasta alla bottarga e basilico

日本三大珍味のひとつといわれるカラスミを使った贅沢なパスタ。イタリア産のカラスミはボッタルガと呼ばれ、イタリアでも人気の食材です。具材はカラスミとバジルだけ。カラスミの塩気を生かした、洗練された素直な美味しさを味わってください。

材料　2人分
バジル･･･10〜15枚
粉末のカラスミ･･･20g
オリーブオイル･･･適量　塩･･･適量
スパゲッティ･･･120g

1. フライパンにオリーブオイルと粉末のカラスミ、バジルを適当な大きさに手でちぎって入れる。

2. パスタのゆで汁を少し加える。

3. 全体がなじむようにまぜる。

4. たっぷりの塩でゆでたパスタを加える。

5. 中火にかけて、一気にからめる。

6. お好みでオリーブオイル、粉末のカラスミをふりかけ、バジルを添える。

＼レシピポイント／

カラスミは火にかけすぎると白くなってパサつくので、火を通すというよりは、中火にかけてあたためるイメージです。パスタを加えたら、手早く一気にかきまぜます。カラスミは粉末のものが便利です。

 ## ブロッコリーとアンチョビのトロッフィエ
Trofie ai broccoli e acciughe

トロフィーのような形をした生パスタのトロッフィエを粉から手作りします。トロッフィエは手の平でのばすだけなので、慣れてしまえば誰でも簡単に作れる生パスタです。卵が入っていないので、もちっとした食感が楽しめます。

材料　2人分

ブロッコリー・・・小1株　パルメザンチーズ・・・40g
アンチョビペースト・・・小さじ2
ドライトマトのオイル漬け・・・6個
オリーブオイル・・・適量　パセリ・・・適量　塩・・・適量
◎生パスタの材料
強力粉・・・100g　薄力粉・・・100g　水・・・100cc
EXオリーブオイル・・・15cc　塩・・・2つまみ

下準備

ブロッコリーは小分けにする。ドライトマトは食べやすい大きさに切る。パセリは刻んでおく。

1 強力粉、薄力粉、塩2つまみをボールに入れる。中心にくぼみを作りオリーブオイルと水を入れ、手であわせる。

2 全体をまとめるのではなく、少し粉っぽさが残る状態にする。

3 小さくつまんで、手のひらでこすりあわせるようにパスタを成形していく。

4 ボールにアンチョビペースト、ドライトマト、オリーブオイル、パルメザンチーズを入れてまぜておく。

5 沸騰したお湯に塩を加え、ブロッコリーをゆでる。2分たったらパスタを入れて、さらに2分ゆでる。

6 パスタが浮いてきたら、ブロッコリーとともにボールに移してよくからめる。お好みでパセリをふりかける。

＼レシピポイント／

トロッフィエは、太さと長さのばらつきを減らし大きさを均一にすることと、乾燥させないよう手早く仕上げることが美味しく作るコツです。トロッフィエのもちっとした食感を引き立てるため、ブロッコリーは少し崩れるくらいにやわらかくゆでます。

 ## イワシのパスタ シチリア風
30 giorno
Pasta con sardine alla siciliana

ほろほろに崩れたイワシが麺によくからんだ、イタリアのシチリア島の人たちから愛される定番中の定番パスタ。ハーブとレモンの豊かな風味と爽やかさが楽しめる絶品です。甘い香りのフェンネルシードが、味に深みを与えてくれます。

材料　2人分

オイルサーディン・・・100g　松の実・・・8g
フェンネルシード・・・1g　ディル・・・2本
レモンの皮・・・ピーラーで1むき分
パン粉・・・10g　ニンニク・・・1/2かけ
白ワイン・・・適量　オリーブオイル・・・適量
パセリ・・・適量　塩・・・適量
スパゲッティ・・・120g

下準備
ニンニクはみじん切りにしておく。パセリは刻んでおく。

1 フライパンにオリーブオイルをひき、ニンニク、松の実、フェンネルシードを入れて火にかける。火は中火〜強火。

2 ニンニクが茶色になってきたら、オイルサーディン、白ワイン、パスタのゆで汁を少量加えて、ひと煮立ちさせる。

3 レモンの皮、ディルを入れる。

4 イワシが軽くほぐれるくらい火が通ったら、パン粉を加える。

5 ソースにとろみがついてきたところで、たっぷりの塩でゆでたパスタを加える。

6 よくふってからめる。お好みでパセリをふりかけ、ディルを飾る。

＼レシピ ポイント／
イワシは便利なオイルサーディンの缶詰を使います。軽くほぐれるくらいにイワシに火を通すのですが、崩れて粉々になってしまうと見た目がよくないので、ほぐしすぎないように注意します。パン粉を使ってとろみをつけます。

那須の暮らし

　数年前から週末を、栃木県那須町にある山の家ですごしています。子どもが生まれた頃から家族でよく話し合い、今の形に落ち着きました。

　晩春から初夏にかけての、新緑の季節の那須は最高に心地よく、ヒグラシの鳴き声を聞きながら、家族で食卓を囲むのが何よりの楽しみです。

　那須では、いつも僕が料理を作ります。山の家の近くにある市場で見つけた旬の食材を使った、イタリアで暮らしていた頃から作り続けている僕の定番4メニューを紹介します。食材を代えても美味しくできるものばかりなので、場所や季節にあわせて自由に作ってみてください。

　週末を郊外で暮らすことを選んだ理由は、まだしっかりとは説明できません。いろんな思いがあるのだけれど、新緑の季節にデッキで飲むビールと、外で作って食べる料理が最高だという、単純だけれどこの上ない楽しみが待っているからなのだと思います。

イチゴとフェタチーズのサラダ オレンジソース

Insalata di fragole e feta salsa all'arancia

フェタチーズとイチゴの酸味と、オレンジの甘いソースは相性抜群です。週末の食事には、必ずサラダが一緒になっています。子どもたちを小さな頃からいろんな味覚に慣れさせるために、様々な葉野菜やハーブ類、チーズなどを入れて作っています。

材料　4〜6人分

イチゴ･･･10粒　フェタチーズ･･･50g
サラダ用リーフ野菜　大皿1盛り分
(リーフミックス、ルッコラ、ディルなど)

◎オレンジソース
オレンジ果汁･･･1/2個分
オレンジの皮･･･1/2個分
EXオリーブオイル･･･果汁と同量
ハチミツ･･･小さじ1
塩、コショウ･･･適量

作り方

1. リーフ野菜を大きめにちぎり、さっと洗ってよく水を切る。
2. イチゴを1/2（大きなものは1/4）にカットする。
3. リーフ野菜とイチゴをお皿に盛りつけて、その上に手でちぎったフェタチーズを飾る。
4. オレンジソースをかけていただく。

◎オレンジソースの作り方
オレンジ果汁をボールに入れる。オレンジの皮をすりおろし、ハチミツ、塩、コショウ、EXオリーブオイルをよくまぜて、とろみがでたら完成。

手ごねパンとグリルパン焼き野菜
Pane fatto in casa e verdure grigliate

粉と三温糖、塩だけで作るシンプルなパンです。焼き野菜は、食べやすい大きさにカットしたらボールにEXオリーブオイルと塩を少し入れてあえて、グリルパンで両面に軽く焼き目がつくまで炒めるだけ。那須の定番朝食メニューです。

材料　4〜6人分
◎手ごねパン
強力粉…400g
ドライイースト…4g
三温糖…36g　塩…2g　水…250cc
EXオリーブオイル…9g
◎グリルパン焼き野菜
ナス…1本　ズッキーニ…1/2本
インゲン…4本
アスパラガス…4本
茎ブロッコリー…4本
チビ大根…1本

作り方

1 すべての手ごねパンの材料をボールに入れて、軽くまぜる。全体がまざったら布タオルをのせ蓋をして、空気に触れないように10分休ませる。

2 生地を手でまとめて、5分ほど練る。

3 生地を丸くまとめてからボールに移して、表面にオリーブオイルを手で塗る。ラップをして室温で2〜3時間、2倍にふくらむまで1次発酵させる。

4 生地を手でつぶして空気を抜いてから、食べやすい大きさに成形する。ラップをして冷蔵庫で6〜8時間、ゆっくり2次発酵させる。

5 200℃のオーブンで20分焼く。

ナスとミートソースのグラタン

Gratinate di melanzane e ragù

よく母が作ってくれたメニューで、実家の惣菜屋でも販売していました。家族みんなに愛された一品で、我が家ではグラタンといえばこのミートソース。夏が旬のナスとトマト、爽やかなバジルとオレガノを使っているので、暑い季節にも食が進みます。

材料　4〜6人分

- 米ナス･･･3本
- モッツァレラチーズ･･･200g
- パルメザンチーズ･･･100g
- オレガノ･･･適量　バジル･･･3本
- バター･･･3g
- EXオリーブオイル･･･大さじ4
- ミートソース･･･400g
- ミートソースの作り方はP42「ベーコンで作るミートソースリガトーニ」参照

モッツァレラチーズはとろけるよう細かくカットし、バジルは手でちぎっておく。

作り方

1. 米ナスの皮をスイカの皮の模様のように1cm幅でピーラーでむき、幅8mmに縦にスライスする。

2. フライパンにたっぷりのオリーブオイルをひき、軽く焼き目がつく程度に炒めたら、一度皿に移す。

3. グラタン皿にバターを塗り、ミートソース、ナス、モッツァレラチーズ、パルメザンチーズをラザニアのように交互に重ねていく。バジルとオレガノも一緒にまんべんなく入れる。

4. 一番上にパルメザンチーズをたっぷりとかけて、200℃のオーブンで20分焼く。

パスタ・ニューディ

Pasta gnudi burro e salvia

イタリア・トスカーナ地方の料理で、修行していた店でも作っていた思い出のパスタ。味の決め手はリコッタチーズのやさしい甘味で、バターソースとからみあった時の香味は最高です。パスタを団子状に仕上げる行程も楽しく、ボールだけで簡単に作れます。

材料　4〜6人分

ほうれん草・・・800g
リコッタチーズ・・・350g
パルメザンチーズ・・・大さじ4
セージ・・・2枚　塩・・・適量
卵（黄身のみ使用）・・・2個
打ち粉・・・適量　バター・・・50g

ほうれん草は水でよく洗い、熱湯でやわらかくなるまで5分ゆでておく。

作り方

1 ほうれん草の水気を手でよく絞ってから、細かくみじん切りにしてボールに入れる。

2 1のボールの中に、リコッタチーズとパルメザンチーズ大さじ2、卵黄2個分を入れてまぜる。一口サイズの団子状に成形して、打ち粉をする。

3 鍋にたっぷりの水を入れて沸騰させ、水量の約1％の塩を加える。パスタ・ニューディを入れて、1分ほどして浮いてきたらゆであがり。

4 ボールにとかしたバターとセージ、残りのパルメザンチーズ大さじ2を入れたらソースの完成。皿に並べたパスタの上にソースをかけていただく。

相場正一郎（あいば・しょういちろう）

1975年栃木県生まれ。1994年〜2000年にイタリアのトスカーナ地方で料理修行。東京都内のイタリアンレストランで店長兼シェフとして勤務した後、2003年東京・代々木公園駅にカジュアルイタリアン「LIFE」をオープン。全国で4店舗のレストランを運営しており、カルチャーを作る飲食店としても注目を集めている。著書に『世界でいちばん居心地のいい店のつくり方』（筑摩書房）、『LIFEのかんたんイタリアン』（マイナビ）がある。二児の父親であり、週末は家族で栃木県那須町にある山の家で暮らす、二拠点生活を送っている。

本書は、MilK JAPON WEB（2016年9月〜2018年6月）に掲載された「相場正一郎の20分パスタレシピ」に大幅加筆し、書き下ろしの原稿を加え、再編集をしたものです。
http://milkjapon.com/

企画・写真　　近藤泰夫（hue inc.）
アートワーク　　山瀬まゆみ
編集・デザイン　藤原康二
編集協力　　星本和容　稲垣葵（MilK JAPON 編集部）
コンテンツ企画　MilK JAPON　MilK JAPON

30日のパスタ

2018年10月10日　第1刷
2018年11月15日　第2刷

著者　　　相場正一郎
発行者　　藤原康二
発行所　　mille books（ミルブックス）
　　　　　〒166-0016　東京都杉並区成田西1-21-37 #201
　　　　　電話・ファックス　03-3311-3503　　http://www.millebooks.net
発売　　　株式会社サンクチュアリ・パブリッシング（サンクチュアリ出版）
　　　　　〒113-0023　東京都文京区向丘2-14-9
　　　　　電話　03-5834-2507　　ファックス　03-5834-2508
印刷・製本　シナノ書籍印刷株式会社

無断転載・複写を禁じます。
落丁・乱丁の場合はお取り替えいたします。
定価はカバーに記載してあります。

©2018 Shoichiro Aiba　　©2018 Yasuo Kondo
Printed in Japan　　ISBN978-4-902744-91-0　C0077